GRAPHIC LIBRARY®
en español

CIENCIA GRÁFICA

LA **HISTORIA ATRACTIVA** DEL

MAGNETISMO

CON **MAX AXIOM**

SUPERCIENTÍFICO

por Andrea Gianopoulos

ilustrado por Cynthia Martin y Barbara Schulz

Consultora:

Leslie Flynn, PhD

Educación de Ciencias

University of Minnesota

CAPSTONE PRESS

a capstone imprint

Graphic Library is published by Capstone Press,
1710 Roe Crest Drive, Norh Mankato, Minnesota 56003
www.capstonepub.com

Library of Congress Cataloging-in-Publication Data
Gianopoulos, Andrea.
La historia atractiva del magnetismo con Max Axiom, supercientífico / por Andrea
Gianopoulos ; ilustrado por Cynthia Martin y Barbara Schulz.
p. cm.—(Capstone Press, graphic library en espanol: Ciencia gráfica)
Includes index.
ISBN 978-1-4296-9239-7 (library binding)
ISBN 978-1-4296-9402-5 (paperback)
ISBN 978-1-62065-275-6 (ebook PDF)
1. Magnetism—Comic books, strips, etc.—Juvenile literature. 2. Magnets--Comic books,
strips, etc.—Juvenile literature. I. Martin, Cynthia, 1961- ill. II. Schulz, Barbara (Barbara
Jo), ill. III. Title.
QC753.7.G5318 2013
538—dc23
2011051343

Summary: In graphic novel format, follows the adventures of Max Axiom as he explains the
science behind magnetism.

Art Director and Designer
Bob Lentz

Bilingual Book Designer
Eric Manske

Cover Artist
Tod Smith

Colorist
Krista Ward

Editor
Christopher L. Harbo

Translation Services
Strictly Spanish

TABLA DE CONTENIDOS

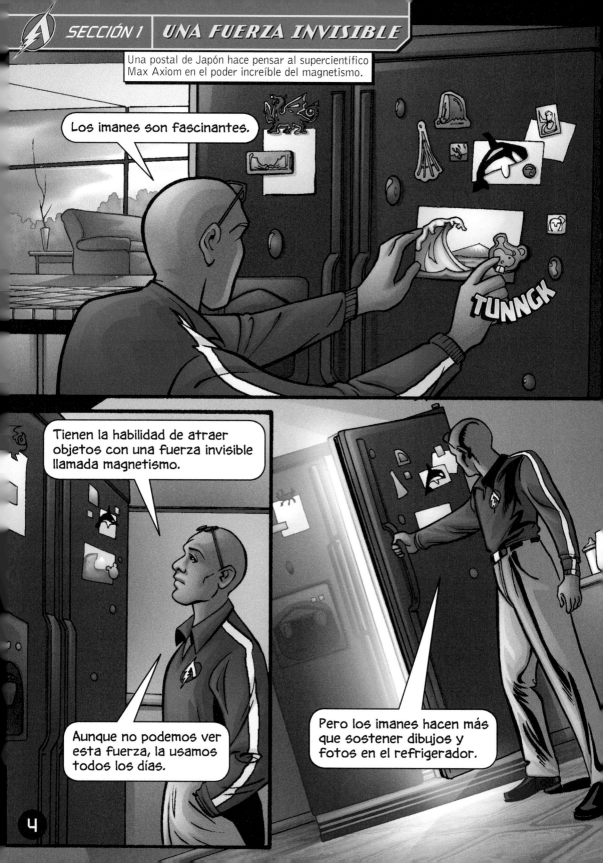

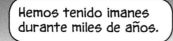

Hemos tenido imanes durante miles de años.

De hecho, su historia se remonta a los 900 a.C más o menos, en la región de Magnesia de la antigua Grecia.

La piedra de magnesia, que ahora se conoce como magnetita, abundaba en los campos de Magnesia.

La palabra magnetismo viene de las palabras griegas "magnitis lithos," que significa "piedra de magnesia".

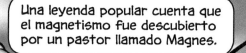

Una leyenda popular cuenta que el magnetismo fue descubierto por un pastor llamado Magnes.

Según la historia, él estaba parado sobre magnetita cuando los clavos de hierro de sus sandalias fueron atraídos a la roca.

Nadie sabe si la historia de Magnes es verdadera, pero la fuerza de los imanes sigue asombrando a las personas hoy.

Vamos a ver de dónde viene esa fuerza.

MATERIALES MAGNÉTICOS

ACCESO AUTORIZADO: MAX AXIOM

El magnetismo atrae a algunos metales, pero a otros no. Un imán fácilmente levanta hierro, acero, níquel y cobalto. Pero no tiene poder sobre el aluminio, el cobre ni el oro.

Para comprender el magnetismo, primero debemos entender qué son los átomos.

Los átomos son partículas diminutas, demasiado pequeñas para ver con tus ojos. Forman todo lo que hay en el universo.

Cada átomo tiene un núcleo rodeado por una órbita de electrones.

NÚCLEO

ÓRBITA DE ELECTRONES

ELECTRÓN

Los átomos en casi todos los materiales tienen electrones que se mueven alrededor del núcleo, girando en diferentes direcciones.

En un imán, los electrones giran en una misma dirección.

Al girar en la misma dirección, los electrones crean una fuerza.

Esta fuerza es magnetismo.

Los imanes pasan su poder magnético a los objetos que atraen. Una arandela de acero unida a un imán se transforma en un imán temporal. De hecho, una cadena de arandelas puede colgar del imán mientras la fuerza magnética pasa de una arandela a la siguiente.

Para mostrar cómo se comportan los imanes, necesitamos hacer algunos experimentos en el laboratorio.

Este es un imán de barra. Como todos los imanes, tiene un polo norte y un polo sur.

El área alrededor del imán donde se puede sentir la fuerza se llama su campo magnético.

El campo magnético es invisible.

Pero un experimento con el imán de barra, unas limaduras de hierro y un pedazo de plástico nos ayudará a verlo.

Las limaduras de hierro son atraídas hacia el imán y se alinean en el campo magnético.

Fíjate cómo el campo magnético va desde un polo al otro.

Las limaduras se reúnen en los polos donde el campo es más fuerte. Más lejos de los polos se diseminan, donde el campo es más débil.

El campo magnético de un imán puede entretenernos durante horas.

Pero fíjate qué ocurre cuando dos imanes se juntan.

Cuando acerco dos imanes, puedo sentir la atracción o la repulsión de sus campos magnéticos.

¡SNAP!

¿Qué hace que los imanes se repelan o se atraigan?

La respuesta está en sus polos. Los polos iguales se repelen y los polos opuestos se atraen.

Cuando acerco los polos norte de los imanes, sus campos magnéticos se repelen entre sí.

No importa cuánto me esfuerce, dos polos iguales no se unirán.

Cuando acerco un polo sur y un polo norte, hay una fuerza que tiende a unirlos.

Se atraen porque sus campos magnéticos se alinean.

PSNNAPP!

NS

Ahora, el campo magnético va desde el polo sur de un imán al polo norte del otro.

Dos imanes pequeños se transforman en un imán más grande y más potente.

13

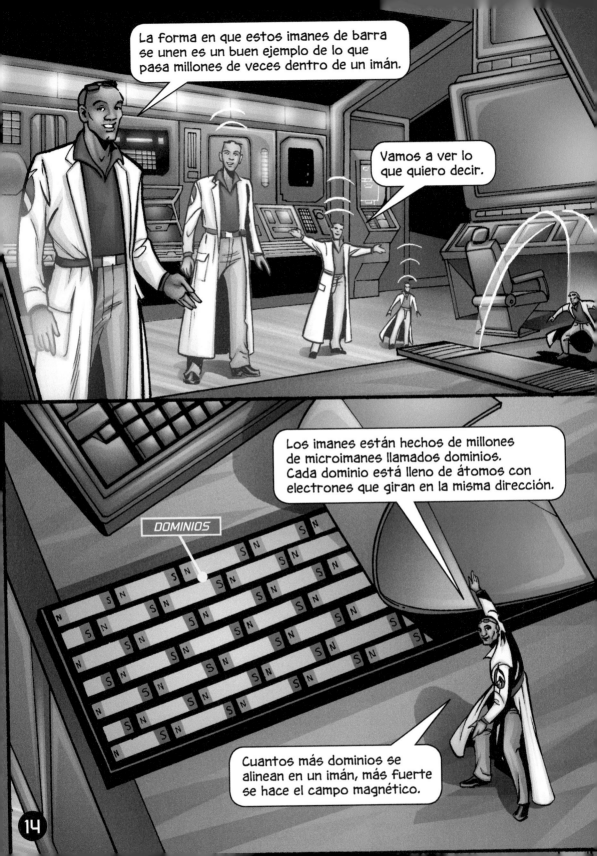

Mientras que los dominios de un imán se alinean, los dominios en otros objetos no están bien organizados.

Por ejemplo, los dominios en este sujetapapeles de acero apuntan en muchas direcciones.

Como los imanes atraen el acero, un imán puede afectar la dirección hacia donde apuntan los dominios de un sujetapapeles.

Al frotar un imán sobre un sujetapapeles en una misma dirección, los dominios dentro del sujetapapeles se alinean.

El sujetapapeles mismo se transforma en un imán. Puede atraer a otros sujetapapeles.

Eso significa que la Tierra tiene polos magnéticos norte y sur, como este imán de barra.

Así es, Max. Los polos magnéticos de la Tierra están cerca de los polos norte y sur geográficos.

POLO NORTE MAGNÉTICO

POLO NORTE GEOGRÁFICO

Pero el campo magnético de la Tierra se mueve. Eso hace que la posición de los polos magnéticos cambie unas 25 millas, o 40 kilómetros, cada año.

De hecho, estoy buscando la ubicación actual del polo norte magnético aquí, en el Ártico canadiense.

¡Buena suerte! Y gracias por la información, Dr. Mink.

TORSIÓN DEL CAMPO

El campo magnético de la Tierra hace una torsión y oscila. A veces, incluso se revierte. Más o menos cada 300,000 años, el polo magnético norte de la Tierra se transforma en el polo magnético sur.

17

En nuestra vida diaria, por lo general no percibimos el campo magnético de la Tierra.

Pero podemos ver sus efectos si sabemos dónde buscar.

Próxima parada: ¡el espacio!

WHOOOOSHHH!!

El Sol nos da luz, pero también bombardea a nuestro planeta con muchas partículas como electrones. Estas partículas forman lo que los científicos llaman el viento solar.

MAGNETOSFERA

TIERRA

El viento solar sopla a través del campo magnético de la Tierra, o magnetosfera, haciéndolo asimétrico.

A veces el Sol larga miles de millones de partículas en una explosión llamada erupción solar.

ERUPCIÓN SOLAR

Las partículas inundan la magnetosfera de la Tierra.

BANDAS DE VAN ALLEN

Van y vienen rebotando entre los polos magnéticos norte y sur en un área llamada Bandas de Van Allen.

Tantas partículas inundan el campo magnético que algunas comienzan un viaje en espiral hacia la Tierra en los polos magnéticos.

Las partículas chocan con los gases en la atmósfera de la Tierra, haciendo que brillen.

Estas cortinas de color se llaman la aurora boreal, o luces del norte, y la aurora austral o luces del sur.

Como todas las brújulas, la tuya tiene una aguja que gira en un pivote.

Correcto. La aguja es un pequeño imán de barra. Mientras gira, sus puntas son atraídas hacia los polos magnéticos de la Tierra.

AGUJA

PIVOTE

El extremo rojo siempre señala al norte y el extremo gris siempre señala al sur.

Correcto. Y cuando sabemos la dirección del norte y el sur, podemos estimar la dirección del este y el oeste.

Parece que una brújula es una gran herramienta para llevar en una caminata. ¡Gracias, Jake!

BUSCANDO EL ESTE

Buscar el norte y el sur en una brújula es fácil. ¿Pero qué pasa con el este y el oeste? Buscar estas direcciones es más fácil de lo que piensas. Para buscar el este, sostén la brújula en nivel y rótala para que la letra E quede arriba. Ahora, lentamente gira tu cuerpo hasta que la punta roja de la aguja señale la letra N. Cuando lo hace, tú estás enfrentando el este.

Encantado, Maxwell.

Las agujas de la brújula, los imanes de barra y los imanes del refrigerador que hemos visto todos tienen algo en común.

Todos son imanes permanentes. Su poder magnético nunca deja de funcionar.

Pero no todos los imanes tienen su poder todo el tiempo.

Los electroimanes obtienen su poder de la electricidad y su magnetismo es temporal.

Parecen complicados los electroimanes, pero realmente son bastante simples.

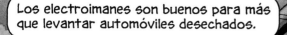

Los electroimanes son buenos para más que levantar automóviles desechados.

Científicos e ingenieros están probando el poder de los electroimanes en los trenes.

En levitación magnética, o maglev, los trenes no tienen ruedas.

En cambio, los electroimanes debajo de los vagones del tren y en un sistema de carriles se repelen mutuamente.

Los imanes que se repelen mantienen suspendido al tren y moviéndose en el sistema de carriles.

Los trenes maglev pueden viajar a más de 300 millas o 483 kilómetros por hora.

WWHHHOOOOOSSHH

Sin motores, no generan mucho ruido ni mucha contaminación al aire.

Las grúas y los trenes maglev son ejemplos de grandes electroimanes en acción.

Pero también hay electroimanes pequeños que hacen funcionar los motores eléctricos de juguetes a batería.

TEMA:
MOTOR ELÉCTRICO

Dentro del motor, hay un electroimán entre los polos de un imán permanente.

ELECTROIMÁN

IMÁN PERMANENTE

EJE

Cuando la energía está conectada, los polos del electroimán son atraídos y repelidos por los polos del imán permanente.

Las fuerzas de atracción y repulsión hacen girar al electroimán. El electroimán que gira activa un eje que mueve las ruedas del camión.

IMAGEN REALZADA

MÁS SOBRE MAGNETISMO

Algunos animales sienten el campo magnético de la Tierra y lo usan como ayuda para buscar su camino. Las ballenas, los delfines y muchas aves usan el campo magnético de la Tierra durante sus migraciones. Las termitas brújula de Australia siempre construyen sus nidos apuntando hacia el norte.

El polo magnético norte de la Tierra se ha movido unas 700 millas (1,127 kilómetros) desde que fue descubierto en 1831. Si sigue moviéndose a la velocidad actual y en esa dirección, el polo magnético norte estará ubicado en Siberia para el año 2050.

Algunos granjeros hacen tragar un imán a sus vacas para mantenerlas saludables. Este pequeño imán atrae clavos y pedazos de alambre que el ganado come accidentalmente mientras pasta. El imán impide que los pedazos de metal atraviesen el estómago y dañen otros órganos.

El Laboratorio Nacional de Altos Campos Magnéticos en la Universidad del Estado de Florida en Tallahassee tiene el imán más grande del mundo. Este imán gigante tiene una altura de 16 pies (5 metros) y pesa más de 30,000 libras (13,608 kilogramos). Los científicos trabajaron para desarrollar el imán durante 13 años a un costo de $16.5 millones.

El Sol tiene un campo magnético muy potente. Con el paso del tiempo, este campo se anuda y tornea creando máculas solares oscuras en la superficie del Sol. Las máculas solares se forman en pares. Una es un polo magnético norte y la otra es un polo magnético sur.

El campo magnético del Sol se invierte cada 11 años. El polo magnético norte se transforma en un polo magnético sur, y el polo magnético sur se transforma en un polo magnético norte.

¿Puede un imán atraer una moneda de un centavo? No una moneda de un centavo de Estados Unidos. Las monedas de un centavo de EE.UU. están hechas principalmente de zinc y cobre. Ni el zinc ni el cobre son magnéticos. Las monedas de un centavo británicas son diferentes. Están hechas principalmente de acero cubierto con una fina capa de cobre. Un imán fácilmente levanta monedas de un centavo británicas porque los imanes atraen el acero.

MÁS SOBRE

SUPERCIENTÍFICO

Nombre real: Maxwell J. Axiom
Ciudad natal: Seattle, Washington
Estatura: 6' 1"   **Peso:** 192 lbs
Ojos: Marrón   **Cabello:** No tiene

Supercapacidades: Superinteligencia; capaz de encogerse al tamaño de un átomo; los anteojos le dan visión de rayos X; la bata de laboratorio le permite viajar a través del tiempo y el espacio.

Origen: Desde su nacimiento, Max Axiom parecía destinado a la grandeza. Su madre, una bióloga marina, le enseñó a su hijo sobre los misterios del mar. Su padre, un físico nuclear y guardabosques voluntario, le enseñó a Max sobre las maravillas de la Tierra y el cielo.

Un día durante una caminata en áreas silvestres, un rayo mega-cargado golpeó a Max con furia cegadora. Cuando se despertó, Max descubrió una nueva energía y se dispuso a aprender todo lo posible sobre la ciencia. Viajó por el planeta y obtuvo grados universitarios en cada aspecto del campo científico. Al volver, estaba listo para compartir su conocimiento y nueva identidad con el mundo. Se había transformado en Max Axiom, supercientífico.

Glosario

el átomo–un elemento en su forma más pequeña

el campo magnético–el área alrededor de un imán que tiene el poder de atraer metales magnéticos

el dominio–un grupo de átomos magnéticos

el electroimán–un imán temporal creado cuando una corriente eléctrica fluye a través de un conductor

el electrón–una partícula diminuta en un átomo que viaja alrededor del núcleo

el magma–roca fundida hallada debajo de la superficie de la Tierra

la magnetita–una roca dura y negra que se halla en la Tierra y atrae hierro; la magnetita también se conoce como calamita

la magnetosfera–el campo magnético que se extiende ingresando en el espacio, rodeando a un planeta o estrella

el núcleo–el centro de un átomo; un núcleo está hecho de neutrones y protones.

el pivote–un punto sobre el cual algo gira o se balancea

el polo–uno de los dos extremos de un imán; un polo también puede ser la parte superior o inferior de un planeta

repeler–rechazar; los polos iguales de los imanes se repelen mutuamente.

temporal–que dura solo un corto tiempo

SITIOS DE INTERNET

FactHound brinda una forma segura y divertida de encontrar sitios de Internet relacionados con este libro. Todos los sitios en FactHound han sido investigados por nuestro personal.

Esto es todo lo que tienes que hacer:

Visita *www.facthound.com*

Ingresa este código: 9781429692397

ÍNDICE